AF410962

QUELQUES OBSERVATIONS

SUR L'OUVRAGE

DE M. LE CAPITAINE THIÉRY ,

AYANT POUR TITRE

APPLICATION DU FER

AUX

CONSTRUCTIONS DE L'ARTILLERIE.

Dans les temps reculés de la barbarie et du moyen-âge, toute science était pour ainsi dire occulte. Les hommes privilégiés qui parvenaient à posséder les connaissances de leur époque, ou à en reculer les bornes, semblaient s'être imposés la tâche de confisquer la science à leur profit et de frustrer la postérité du fruit de leurs veilles. Un grand nombre de siècles s'est écoulé avant que les avantages de la publicité aient été généralement appréciés, particulièrement dans les arts industriels. Ce n'est cependant qu'à partir de cette époque que l'industrie à pris tout son essor.

On aura peine à croire que les habitudes, ridiculement mystérieuses, dont les arts industriels ont depuis longtemps secoué le joug, soient encore aujourd'hui en honneur dans les armes spéciales de l'artillerie et du génie. Sous ce rapport, le corps des ingénieurs militaires tient sans contredit le premier rang. Ses archives sont entièrement impénétrables aux regards du vulgaire; cependant jusqu'à présent on ne s'est pas aperçu que les places fortes aient beaucoup gagné à cette excessive discrétion.

L'artillerie, elle-même, qui embrasse un si grand nombre d'objets, et dont les progrès sont essentiellement liés à ceux des arts industriels, semble aussi méconnaître en tous lieux les avantages de la publicité.

L'Amérique nous cache les perfectionnemens, plus ou moins heureux, des obus à la Stéwens; l'Angleterre prend les plus minutieuses précautions pour dérober à la connaissance du public les essais relatifs aux fusées à la Congrève; dans le laboratoire impénétrable des artificiers militaires de Vienne, on semble être en recherche de la pierre philosophale; la Prusse travaille, en secret, à quelques changemens de détails relatifs à l'exécution des bouches à feu; la France enfin, centre de lumière et de publicité, semble aussi craindre de faire connaître les résultats de ses essais sur le perfectionnement des armes et du matériel de guerre.

Cependant, pour peu que l'on veuille recourir aux leçons de l'expérience, on sera bientôt convaincu que toute puissance qui croit avoir un intérêt réel à pénétrer le secret de ces inventions cachées avec tant de soin, en a bientôt obtenu la connaissance parfaite. En effet, les améliorations militaires comme les améliorations politiques, sont lentement progressives ; les différens états auraient donc toujours le temps nécessaire pour les adopter. Mais des raisons d'une autre nature s'y opposent. D'abord ces changemens entrainent souvent des dépenses considérables qui épuisent les finances des États ; ensuite, on rencontre un plus grand obstacle encore dans les préjugés locaux, dus à la force des vieilles habitudes, qu'il est si difficile de déraciner. L'influence de ces préjugés se fait reconnaître jusques dans les moindres objets. Combien n'a-t-il pas fallu de temps pour substituer les pantalons larges, aux culottes courtes et aux pantalons, ridiculement étroits, de la monarchie et de l'empire. La révolution, elle-même, n'avait pas pu détruire, parmi les troupes françaises, les préjugés de la grosse queue poudrée et du catogan. Nos hussards croyaient même alors, bien fermement, qu'on ne pouvait être *troupier fini*, sans avoir le visage encadré par de longues tresses, pouvant au besoin servir de cordes à fourrage.

Que l'on ne vienne pas traiter avec dédain ces préjugés vulgaires ; car les esprits élevés sont soumis comme les autres à leur malheureuse influence. Combien de sublimes découvertes sont restées, par ce seul motif, sans applications pendant des siècles. Vainement l'immortel GUSTAVE-ADOLPHE trace aux opérations de la grande tactique une route toute nouvelle, jalonnée par les plus brillans succès, ses principes seront mis en oubli, jusqu'à ce que le génie d'un FRÉDÉRIC, ou d'un NAPOLÉON, vienne s'en emparer pour opérer de nouveaux prodiges.

Si les préjugés nationaux s'opposent à l'introduction des plus évidentes améliorations, comme à l'application des principes qui décident du sort des états ; on doit penser qu'il en sera de même, à plus forte raison, des perfectionnemens de détail introduits dans la fabrication des armes de guerre; ces perfectionnemens ne pouvant d'ailleurs, en général, exercer qu'une influence très secondaire sur le résultat des grandes opérations militaires. Dans ce cas, la publicité ne peut donc présenter aucun inconvénient. Ainsi, c'est bien mal à propos que l'on se donne tant de peine pour restreindre, dans un cercle très borné, la connaissance des expériences ou essais d'améliorations relatifs aux différentes branches du service de l'artillerie.

Admettons que le défaut de publicité n'apporte aucun obstacle aux progrès, dans la fabrication des armes et du matériel de guerre; qu'aucune partie de cette fabrication ne puisse rien gagner par le concours des hommes habiles qui font faire de si grands pas à l'industrie, quand bien même on les instruirait du but que l'on se propose d'atteindre et des conditions particulières imposées par l'usage de la machine. On ne peut pas au moins se refuser à reconnaître qu'il y aurait avantage à ce que les officiers d'artillerie fussent tenus au courant des diverses expériences faites dans leur arme. C'est cependant ce qui n'a pas lieu aujourd'hui. Fait-on un essai, une épreuve quelconque, dans l'un des établissemens de l'artillerie? la connaissance en est réservée au petit nombre d'officiers désignés pour y assister, et au comité qui reçoit tous les rapports. Tous les autres officiers de l'arme y restent absolument étrangers. Qu'en résulte-t-il? Que les officiers studieux manquent de base pour leur travail, et que plusieurs emploient, mal à propos, leur temps à marcher dans un cercle déjà parcouru avant eux. Il faut convenir que rien n'est plus décourageant, ni plus propre à éteindre promptement le goût de l'étude, si nécessaire aux officiers d'artillerie.

Plus on y réfléchit, moins on peut, en vérité, deviner à quoi attribuer cette répugnance pour la publicité, qui semble être un des caractères distinctifs des armes de l'artillerie et du génie. Il est évident que la raison d'État, que l'on ne manque jamais de mettre en avant, ne peut en être le véritable motif; car on rencontre les mêmes difficultés, lorsqu'on veut prendre connaissance de l'épreuve la plus insignifiante, que s'il s'agissait d'une découverte à laquelle est attaché le sort de la France. L'intérêt de l'État n'est-il pas de former le plus grand nombre possible d'officiers instruits, et non de tenir la lumière sous le boisseau, ou de la confisquer au profit d'un petit nombre de privilégiés! L'expérience a prouvé que la plupart des améliorations réellement utiles, n'ont été obtenues que par le concours de ceux-là même que l'on voudrait tenir dans l'ignorance sur les améliorations possibles. Ainsi, pour citer un exemple récent, le nouveau système de matériel, dernièrement adopté par l'artillerie française, doit ses plus importantes améliorations aux épreuves qui ont été faites publiquement, dans toutes les écoles d'artillerie.

Si le comité d'artillerie de l'an XI avait employé le même moyen, on aurait épargné à la France beaucoup de dépenses inutiles, et l'on n'aurait pas fait toutes les guerres de l'empire avec un matériel inférieur, sous plusieurs rapports, à celui des autres puissances de l'Europe. Ce fut alors que l'on adopta les obusiers courts de 24, inférieurs pour la justesse et la portée aux licornes russes, et dont les affûts, quoique chargés de ferrures, résistaient peu au tir. Les Anglais s'occupaient, à la même époque, des heureuses modifications introduites un peu plus tard dans leur matériel de campagne. Des changemens analogues avaient été proposés depuis longtemps par des artilleurs français; mais ces propositions, étouffées dès leur naissance par la non-publicité, ne devaient être appréciées, en France, que vingt ans après avoir reçu la sanction d'une puissance étrangère.

Tous les officiers d'artillerie se montrent avides de connaître les propositions ou les expériences qui tendent à l'amélioration des différentes branches de service de leur arme ; mais, par une contradiction singulière, aussitôt qu'un officier prend la plume sur ce sujet, il est traité de FAISEUR et devient l'objet de la critique la moins bienveillante, de la part de ses camarades et de ses chefs, souvent même sans avoir été lu. La lecture de l'ouvrage est, il est vrai, chose peu nécessaire ; car c'est particulièrement à la personne de l'auteur que l'on s'attache. Son instruction, son intelligence et jusqu'à sa tenue, tout est passé en revue avec la plus mordante malignité. Heureux encore si ses états de service, jetés dans la mêlée, parviennent à sortir de cette bagarre sans avoir reçu quelque rude échec ! On conçoit que les officiers ne se soucient guères de passer par cette dangereuse épreuve, c'est ce qui explique la disette d'ouvrages sur les différentes parties du service de l'artillerie. Cependant on ne peut se dissimuler que les publications particulières, malheureusement trop rares, n'aient été souvent très utiles aux progrès de l'arme. Elles doivent donc être favorisées par tous les bons esprits.

L'ouvrage de M. le capitaine Thiéry, sur les applications du fer aux constructions de l'artillerie, publié avec autorisation et en quelque sorte par ordre de M. le maréchal Soult, semblait indiquer, de la part de l'ancien ministre de la guerre, une disposition à favoriser les publications relatives aux expériences militaires. Peut-être allions-nous être assez heureux pour voir lever enfin l'espèce d'interdit lancé, depuis si longtemps, contre les officiers assez malencontreux pour faire connaître à leurs camarades les essais d'améliorations officiels ou semi officiels. Espérons que les successeurs de l'illustre maréchal ne voudront pas rester en arrière dans cette voie de progrès.

Les applications du fer aux constructions de la guerre, auraient reçu sans doute, depuis longtemps, une plus grande extension, si le prix élevé de cette matière et notre peu d'habileté à la rendre malléable, ou suffisamment résistante, sous de fortes dimensions, n'y avaient apporté jusqu'à présent des obstacles difficiles à surmonter. Ces obstacles sont maintenant bien diminués, sinon entièrement détruits, par les immenses perfectionnemens introduits, depuis quelques années, dans l'industrie du fer. Il n'est, pour ainsi dire, aucun art qui n'ait dû récemment quelques progrès à l'heureux emploi du fer ou de la fonte. Il y a donc tout lieu de croire que la substitution du fer au bois, dans la plupart des machines d'artillerie, apporterait aussi dans les différentes parties de ce service de grandes améliorations.

Toutes les pièces de fortes dimensions qui entrent dans les voitures d'artillerie sont en bois. Cette disposition nécessite un approvisionnement de réserve considérable, d'autant plus difficile à tenir au complet que les bonnes essences et les gros échantillons deviennent plus rares en France. On estime que nos huits arsenaux doivent avoir un approvisionnement de 16,800 mètres cubes de bois, qui, à raison de 120 fr., le mètre cube, représente un capital de plus de 2,000,000 fr. Il faut en outre des magasins considérables, beaucoup de soin, et de grandes dépenses d'entretien, pour conserver au complet cet immense approvisionnement. Quant aux parties en bois qui entrent dans les voitures d'artillerie, il est évident que leur détérioration doit être encore plus prompte que celle des pièces débitées en magasin, à cause des mortaises, embrevemens, trous de boulons et chevilles, etc., qui sont autant de causes permanentes de destruction.

Si les pièces principales de nos machines de guerre étaient en fer, il ne serait plus nécessaire d'avoir d'approvisionnement de réserve ; les voitures démontées tiendraient beaucoup moins de place ; de nombreux magasins resteraient disponibles ; enfin les dépenses d'entretien seraient considérablement réduites.

Considérée sous ce point de vue, la question de substitution du fer au bois, dans les constructions de l'artillerie, semble ne présenter que des avantages ; mais on ne doit pas se dissimuler qu'elle peut amener aussi plusieurs inconvéniens. Il ne faut pas oublier que les circonstances de guerre entraînent pour les voitures d'artillerie, et spécialement pour les affûts, des conditions particulières auxquelles il faut satisfaire à tout prix. Ces affûts, exposés aux coups des projectiles, doivent être composés de manière à éprouver, par leurs chocs violens, le moins de dégradation possible. Or on peut craindre que tel coup de boulet, qui ne produit sur une partie en bois qu'une dégradation peu importante, ou facile à réparer, ne fasse voler en éclats la partie en fonte et peut-être même par contrecoup l'affût tout entier. Indépendamment de cet effet possible, mais accidentel, l'affût éprouve une suite d'ébranlemens violens et continuels, pendant le tir, par la force du recul ; l'élasticité du bois se prête merveilleusement à l'effet de cette force, il n'en serait peut-être pas de même de la fonte. Sa résistance, fut-elle d'abord suffisante, pourrait ensuite être altérée par ces secousses violentes et multipliées. Plusieurs faits d'expériences tendent à prouver que dans la fonte, la force d'aggrégation des mollécules se trouve détruite après un certain nombre de secousses même assez légères : d'après cela ne doit-on pas craindre de voir briser les parties en fonte des affûts, par le seul fait du recul, après un temps de service indéterminé et dont aucun indice ne ferait présager la durée?

Des épreuves nombreuses, conduites avec soin et intelligence, pourraient seules détruire tous les doutes ou les préjugés. Mais avant d'éprouver, il faut construire. M. Thiéry a donc pris bravement son parti, et pleinement convaincu que l'on doit arriver tôt ou tard à d'heureux résultats, il s'est hasardé à entrer le premier en lice. Il nous présente un affût complet de campagne et un affût de place et côte dont toute les arties sont en fer. Nous allons les examiner successivement.

L'auteur commence d'abord par s'étonner, avec raison, de l'opposition générale qui se manifeste, contre l'adoption du fer comme élément constitutif du matériel d'artillerie de campagne. Cette opposition lui paraît d'autant plus singulière, que sur un poids total de 997 kil. que pèse l'affût de campagne de 8, avec avant-train et armemens, le fer entre pour 805 kil., c'est-à-dire pour plus des quatre cinquièmes. Ainsi les essieux, les cercles de roue, la liaison des trains, l'enrayage, la résistance au tir par les sus-bandes et sous-bandes, le pointage, enfin tous les moyens de résistance et d'action, sont confiés au fer. Le bois paraît donc ne jouer dans les constructions qu'un rôle tout-à-fait secondaire, et servir seulement comme de liaison aux parties en fer.

Tout cela est très-vrai; mais l'intermédiaire élastique du bois modère l'effet des forces vives, et rend les réparations très-faciles en campagne. Il empêche que les parties en fer ne soient facilement rompues par le choc. On obtiendra, sans doute, par l'emploi exclusif du fer, une plus grande simplicité apparente et une plus grande durée en magasin. Il restera à vérifier si ces avantages ne sont pas rachetés par quelques inconvéniens graves dans la pratique. Quoiqu'il en soit, voici la description du nouveau modèle proposé pour la campagne.

L'AFFUT se compose : (planche 1, fig. 1re.)

1° De deux étais en fonte A, entaillés de manière à recevoir les porte-tourillons et les sous-bandes d'essieu ;

2° D'une entretoise en fonte B, assemblant et maintenant l'écartement des étais ;

3° De deux porte-tourillons C, en fer forgé, terminés par un talon et une pate s'assemblant contre les flasques ;

4° De deux flasques en fer forgé D, recourbés en crosse à la partie inférieure, entaillés à l'avant pour recevoir le talon des porte-tourillons et terminés par deux sous-bandes d'essieu ;

5° D'un essieu n° 2 ;

6° D'un support de vis de pointage E ;

7° D'une semelle de pointage F ;

8° De quatre boulons G, assemblant les flasques, les étais, et les porte-tourillons ;

6° D'un boulon assemblant et maintenant l'écartement des étais ;

10° De six boulons I, assemblant et maintenant l'écartement des flasques ;

11° D'une pièce de crosse K, portant l'anneau lunette ;

Enfin d'un écrou en cuivre pour vis de pointage, et de quelques pièces secondaires en fer dont l'inspection de la figure fait aisément reconnaître la destination.

L'AVANT-TRAIN se compose : (planche 1, fig. 2e.)

1° De deux armons A, recourbés de manière à élever le coffre à la hauteur voulue, et assemblés sur l'essieu au moyen de deux boulons :

2° D'un essieu n° 3 ;

3° De deux bandes d'armon, destinées à soutenir le coffre et à maintenir la flèche de courbure des armons ;

4° Du crochet cheville ouvrière fixé à l'essieu par deux boulons ;

5° D'une fourchette E, assemblée avec le crochet au moyen de deux boulons ;

6° D'une volée FF, composée de deux barres de fer plat assemblées entr'elles, avec la fourchette, les tirans de volée et les palonniers, au moyen de quatre boulons ;

7o De deux tirans de volée ;

8o De deux palonniers P ;

9o D'un coffre en tôle G ;

10° D'un timon comme dans le système en bois.

On y trouve de plus quelques menues ferrures, dont nous ne donnerons pas ici le détail, et deux planches marche-pied.

Le coffre a munitions est en tôle ; il est construit, comme les caisses à eau en usage dans la marine, avec de la tôle de deux millimètres d'épaisseur. Le fond et les angles sont reliés entr'eux par des cornières et des rivés. Une pièce de tôle, fixée au moyen d'une double cornière, maintient l'écartement et divise le coffre en deux grandes cases. Le couvercle est garni d'un dessous en bois, entaillé pour établir un appareil en cuir gras sur lequel vient appuyer le bord en tôle du coffre. On a cherché ainsi à rendre le coffre impénétrable à l'eau. Les boulets reposent sur un fond en bois, afin d'éviter le contact de fer contre fer.

La roue en fer est composée ainsi qu'il suit :

Un cercle en fer de mêmes dimensions que celui des roues en bois ; six jantes en fonte ; un moyeu en fonte composé de la boîte de roue, aux extrémités de laquelle sont fixées deux bouts de moyeu, laissant entr'eux et la boîte l'espace nécessaire pour fixer les écrous qui maintiennent les rais ; une vis fermant une ouverture pratiquée dans la boîte de roue pour y introduire la graisse sans déplacer la roue ; deux chapeaux ou couvercles de moyeux, fixés par six boulons, pour garantir l'intérieur des moyeux de la boue ; douze rais en fer rond de 20 millimètres, arrêtés en queue d'hironde dans les cercles en fer et en fonte. Les rais, taraudés à l'une de leurs extrémités, entrent dans le bout des moyeux où ils sont fixés par des écrous. Ces rais sont alternativement fixés à chacun des bouts du moyeu, de manière à donner une double écuanteur à la roue.

Cette description et le dessin ci-joint donneront une idée suffisamment exacte de l'affût de campagne de M. Thiéry. La roue mérite surtout une attention particulière. C'est peut-être l'innovation la plus importante du système proposé.

La roue est sans contredit la partie principale de la voiture ; elle exige de continuelles réparations, se consomme promptement, soit en mouvement, soit en magasin, et par ses dépenses d'entretien finit par devenir aussi coûteuse que tout le reste de la machine. L'adoption des roues en fer serait donc à elle seule une immense amélioration, si l'on pouvait atténuer les inconvéniens qui leur sont propres, et leur communiquer la solidité et la facilité de réparation qui caractérisent nos roues actuelles.

Il paraît que les roues en fer prennent faveur en Angleterre; que les messageries Caillard-Laffite les ont éprouvées en France, sur la route de Paris à Orléans, avec un plein succès; mais que le poids et la forme de ces roues, et plus encore leur prix trop élevé, porté à 1,500 fr. les quatre, ont empêché leur adoption. Des expériences comparatives ont été faites en 1833, à l'asenal de Woolwich, entre des roues en fer proposées par M. Jones et les roues en bois en usage dans l'artillerie anglaise. Ces expériences ont été faites en présence du général Hardwicke, et de plusieurs autres officiers de l'artillerie anglaise qui avaient été chargés de faire un rapport à ce sujet. Voici un extrait de ce rapport, inséré dans le journal des travaux de l'académie de l'industrie française, et cité dans l'ouvrage de M. Thiéry :

« Dans la première expérience, on adapta des roues en fer de l'invention de Jones, ayant cinq pieds de diamètre, avec des jantes de six pouces anglais de largeur, à l'affût d'un canon de fer de 24, pesant 50 quintaux. On adapta en même temps une paire de roues de la même espèce, ayant cinq pieds de haut et des jantes de trois pouces de largeur, à l'affût d'un canon de 12, en bronze. On attacha à chacun de ces deux affûts leur avant-train avec des roues ordinaires en bois. Six chevaux furent attelés à la pièce de 24, et quatre chevaux à celle de 12.

» On fit d'abord rouler ces affûts au trot et au galop sur un pavé très inégal et très rude, pendant une heure. Le pavé du chemin était si mauvais et si raboteux, que les affûts bondissaient de pierre en pierre avec une extrême violence, en faisant quelquefois des sauts de plusieurs pieds.

» Les secousses des canons avaient été si répétées et si fortes, que des cordes qu'on avait attachées avec précaution pour retenir les bouches à feu sur leurs affûts, étaient brisées, et que l'avant-train de la pièce de 12 était séparé de son affût.

» Après cette expérience, on examina attentivement les roues en fer de Jones ; elles n'avaient pas éprouvé la moindre injure ni altération, mais les roues en bois des avant-trains, quoiqu'elles ne portassent que le poids des caisses de cartouches qui étaient vides, avaient éprouvé des dommages remarquables. Tous les rais étaient plus ou moins sortis de leur emboîtement ; quelques-unes des ouvertures avaient une largeur de trois seizièmes de pouce.

» On essaya ensuite les mêmes roues sur un terrain mou. Le canon de 24, pesant avec son affût huit à dix mille livres, fut traîné sur un sol marécageux. Les six chevaux ne pouvant plus suffire, on en ajouta deux autres ; mais malgré ce renfort, la pièce ne sortit de ce mauvais pas qu'avec l'assistance de plusieurs canonniers. On reconnut ensuite qu'avec un attelage de dix chevaux, le marais pouvait être traversé par la même bouche à feu, sans halte et sans grande difficulté.

» On fit ensuite traverser le même marais par deux pièces de 12, dont l'une était montée sur des roues en bois et l'autre sur des roues en fer, du système de Jones. Avec un attelage de quatre chevaux, ces deux pièces passèrent le marais difficilement, mais sans s'arrêter. On reconnut dans cette dernière expérience que les roues en fer avaient un léger avantage sur celles de bois.

» Les deux canons de 24 et de 12 furent ensuite mis en batterie vis-à-vis la butte du polygone. On leur fit tirer trois coups à boulet avec charge entière ; cette expérience ne produisit aucun effet sur les roues en fer.

» L'expérience finale devait servir à déterminer les effets comparatifs du choc d'un boulet de canon sur les roues en fer et sur celles en bois.

» On plaça pour cela une des roues en fer contre la butte du polygone, et on se servit d'une pièce de 12 pour tirer contre cette roue, à la distance de 30 mètres. Le premier boulet frappa la roue obliquement, et coupa net deux rais sans produire d'éclats. Le second boulet frappa contre la jante qu'il coupa, ainsi que l'extrémité d'un rais adjacent.

» On soumit ensuite les roues de bois à la même expérience. Le premier boulet enleva deux rais, qui s'éparpillèrent en éclats. Le second boulet mit la roue entièrement hors de service, et dans un état à ne pouvoir pas être réparée. Les éclats de bois volèrent de toutes parts au moment du choc. Cette roue ne put pas servir par conséquent à ramener la pièce.

» Il n'en fut pas de même de la roue en fer ; quoique bien mutilée, elle servit à ramener son canon et à le porter à une grande distance.

» Le général Harwicke et les officiers d'artillerie composant la commission d'enquête déclarèrent dans leur rapport officiel que, d'après les expériences que nous venons de détailler, ils reconnaissaient dans les roues en fer de l'invention de M. Jones les avantages suivans :

» 1° Elles sont plus fortes que les roues en bois ; elles ne peuvent pas être aussi facilement mises hors d'usage dans un combat, et ne donnent aucun éclat au moment du choc du boulet.

» 2° Quand les roues ont éprouvé la perte de deux ou trois rais, elles peuvent encore continuer à servir jusqu'à ce qu'on ait l'occasion de les réparer ; tandis que dans le même cas, les roues en bois ne peuvent plus être d'aucun usage.

» 3° Les roues en fer ne sont pas sujettes aux changemens que l'influence des climats et des saisons produit sur les roues en bois. Celles-ci ont besoin souvent d'être refaites avant d'être employées lorsqu'elles ont été emmagasinées pendant plusieurs années. Le même inconvénient n'existe pas avec les roues en fer.

Ce rapport favorable a fait adopter l'usage des roues en fer dans l'artillerie anglaise. On en a expédié, depuis peu, un très-grand nombre dans les possessions anglaises de l'Indostan.

M. Thiéry ne se dissimule pas que ses roues doivent être nécessairement fort inférieures aux roues confectionnées en Angleterre, dans des ateliers parfaitement organisés pour ce genre de fabrication ; il appelle particulièrement l'attention sur le cercle anglais composé d'une seule pièce, au moyen d'un fer à T, de dimensions convenables, étiré à l'aide de cylindres spécialement établis pour cet objet. Il pense que ses roues ont sur celles qui sont actuellement en usage, les avantages suivans : *construction plus simple et plus économique, réparations plus faciles, durée beaucoup plus considérable, résistance plus grande dans le service.* L'expérience en décidera.

Il nous semble cependant avoir aperçu dans ces roues, à première vue, des défauts qu'il était facile de faire disparaître. D'abord, la disposition des rais est vicieuse, en ce qu'ils peuvent être heurtés par les objets extérieurs, et par conséquent atteints par le bout de l'essieu d'une voiture voisine. D'un autre côté les rais, en raison de leur faible diamètre et de leur grande longueur, pourront être faussés ou même rompus, soit par des chocs reçus pendant le service, soit par de simples mouvemens d'engerbement dans les magasins. Cet inconvénient n'existe pas dans la roue actuelle, dont les rais sont entièrement soustraits aux atteintes par l'effet de l'écuanteur.

Une particularité remarquable de la roue en fer proposée, c'est que les moyeux, au lieu d'agir sur les rais par pression, agissent par suspension. Le poids se trouve ainsi réparti sur un plus grand nombre de rais que dans la roue actuelle; de plus les secousses de la voiture, amorties par l'élasticité de cercle de roue, exercent sur le terrein une réaction plus douce, ce qui doit favoriser le tirage. Sous ce rapport le cercle anglais d'une seule pièce paraît préférable aux jantes en fonte employées par M. Thiéry;

car celles-ci jouissent de peu d'élasticité et doivent composer une roue moins solide, soit par leur jonction entr'elles,
soit par la difficulté de les contenir parfaitement au moyen
du cercle extérieur. Un tour de roue, capable de résister
aux secousses multipliées qu'il est appelé à supporter, doit
être composé du moindre nombre de pièces possible.

Le nouvel affût de campagne en fer, proposé par
M. Thiéry, pourrait fournir matière à une certaine critique
de détail. Il ne nous paraît pas que l'on ait adopté pour
chaque partie la disposition la plus simple et la plus convenable au service; par exemple, les étriers d'essieu sont formés par le prolongement de la partie inférieure des flasques,
or on sait que ces étriers sont sujets à de fréquentes ruptures. Il est donc nécessaire de les rendre aussi indépendans
que possible des autres parties de l'affût. Il y aurait certes
un grand inconvénient à être obligé de démonter entièrement
ment l'affût pour la réparation d'un simple étrier.

Il est vrai que la solution complète de la multitude de
problêmes particuliers qu'entraîne la construction d'un
affût, exige une connaissance spéciale des détails de construction qui a pu manquer à l'auteur. Le concours d'officiers
d'artillerie, versés dans cette matière, devant surmonter
facilement ces difficultés, si le nouveau système était adopté
en principe, nous ne nous y arrêterons pas. Mais nous
allons suivre l'auteur dans ses diverses assertions sur les
avantages que lui paraît présenter son affût en fer.

Le nombre des pièces qui, dans l'affût complet en bois,
est de 655, se trouve réduit à 339; les poids sont sensiblement égaux ou du moins pourraient le devenir facilement;
le nombre des journées nécessaires à la construction ne
serait que de 194, tandis qu'il est maintenant de 235;
enfin le prix de revient du nouvel affût ne serait que de

1200 f. environ, au lieu de 1500 fr. qu'il coûte aujourd'hui. Voilà pour la construction.

Quant aux réparations, elles seront certainement très-faciles, si elles permettent, comme on l'annonce, le remplacement sur place de toutes les pièces. L'auteur pense que les premiers hommes venus, avec une clé pour tout instrument, peuvent s'acquitter de cette opération. En cela nous croyons qu'il tombe dans une erreur malheureusement trop commune. L'expérience prouve qu'il faut de l'intelligence et une certaine pratique pour faire les réparations les plus ordinaires. Ainsi, par exemple, l'opération si simple en apparence de placer un écrou, exige une adresse que l'on rencontre dans peu de soldats. Si l'écrou est présenté *à faux* et qu'on le force dans cette position, le taraudage du boulon sera détérioré et demandera à être refait. D'ailleurs, à moins d'une précision mathématique impossible à obtenir dans les constructions, une pièce ne pourra en remplacer une autre qu'au moyen d'un certain ajustage. Le concours d'ouvriers de profession sera donc nécessaire dans le nouveau système de matériel comme dans l'ancien. Il est peu d'officiers d'artillerie qui n'aient eu l'occasion de reconnaître combien les canonniers, même les plus intelligens, présentent peu de ressources pour la réparation des plus simples avaries. Le matériel en bois, actuellement en usage, présente un assez grand nombre de parties en fer susceptibles d'être démontées, pour que l'expérience à cet égard ait été complète.

Dans l'affût en fer proposé, la décomposition de la flèche en deux flasques, a permis de rétablir la vis de pointage à écrou tournant, comme dans le système Gribeauval. Peut-être y a-t-il là un léger avantage, balancé néanmoins par la possibilité de perdre la vis de pointage, accident qui arrivait quelquefois dans l'ancien système.

Le cintre de mire, supprimé dans les nouveaux affûts français, est rétabli dans les affûts de M. Thiéry, qui s'exprime ainsi à ce sujet :

« On a rétabli sous les flasques un cintre de mire, *par* » *là le recul se trouve contenu dans des limites plus resserrées.* » L'avantage de restreindre le recul de l'affût, pourrait, si » on le jugeait désirable, être obtenu à un plus haut degré » que dans notre affût d'essai. Au moyen du fer, la ques- » tion de résistance ne sera circonscrite que par celle du » poids. »

On croyait autrefois à l'efficacité du cintre de mire pour modérer le recul ; mais depuis longtemps ce singulier préjugé a cessé d'exister. En effet, pour peu que l'on examine la manière d'agir de la force du recul, on voit qu'elle se transmet à l'affût par les tourillons et au terrain par le contact des crosses. La ligne qui joint le point de contact des crosses au point d'action des tourillons, sera donc la direction de la partie de la force du recul qui agira sur le flasque pour modérer le recul de l'affût. Ainsi, tout étant égal d'ailleurs, l'angle formé par cette ligne avec le plan du terrain déterminera seul l'étendue du recul. La forme du flasque est évidemment sous ce rapport tout-à-fait indifférente, et par conséquent le cintre de mire sans aucune influence.

Le coffre à munitions en tôle proposé, paraît mériter la préférence sur le coffre en bois actuellement en usage. Ce dernier nécessite un travail de serrurerie assez délicat. Il est couvert d'un grand nombre de ferrures, et percé d'une multitude de trous pour les rivés. Ces ouvertures sont autant de causes d'infiltration pour l'humidité, et déterminent souvent la fente des côtés du coffre lorsque le bois vient à se dessécher. L'enveloppe en tôle a de plus l'avantage de préserver beaucoup mieux les munitions de l'humidité en toute circonstance et particulièrement dans les passages à gué. Il sera facile d'adopter pour l'intérieur une disposition de menuiserie propre à caser les munitions et à les préserver de tout accident.

Laissons parler maintenant l'auteur lui-même sur les avantages qu'il trouve dans l'arrangement des diverses parties de son affût, considéré sous le rapport des ressources que présente le service de guerre :

Au moyen de ces dispositions, après un combat, ou à la suite des avaries d'une route difficile, on pourrait avec les parties restées intactes dans les voitures brisées, en reconstituer immédiatement un certain nombre en parfait état de service. Les débris qu'on n'aurait pu utiliser seraient recueillis, et après réparations faites à la forge, reparaîtraient dans le service avec la même valeur que des pièces neuves.

Dans les mêmes circonstances, un affût en bois, démonté par rupture de ses parties principales, ne peut plus être réparé que par des ouvriers, dans des ateliers établis à demeure et munis de l'outillage indispensable pour la menuiserie et la serrurerie. Les parties brisées en bois sont perdues, et leur remplacement ne peut généralement s'opérer en campagne qu'avec des bois ne réunissant pas, sous le rapport de la siccité, de l'essence et de l'échantillon, les qualités indispensables pour assurer la résistance et la durée dans le service.

Ainsi donc, sur un champ de bataille, l'artillerie en fer, moins exposée que celle en bois à être démontée par le boulet, pourra être immédiatement reconstituée au moyen de rechanges et des pièces restées intactes. Toutes les pertes occasionées par le feu de l'ennemi seront réduites aux frais de main-d'œuvre des réparations. Dans l'affût en bois, les ferrures seules ne seront point entièrement perdues, mais le matériel à réparer devra être livré à des ouvriers, et fera, pendant ce temps, faute pour le service actif.

Si nous voulons maintenant envisager la question des réparations et des constructions à la suite des armées, avec les seules ressources des pays conquis, il est aisé de se convaincre que l'opération sera infiniment moins complexe pour le matériel en fer que pour celui en bois.

Avec ce dernier matériel, il faut des bois de plusieurs sortes, d'équar rissage et de siccité convenables ; il faut des fers plats , ronds , carrés, en quantité presque égale et d'espèces plus variées que pour l'affût en fer. enfin , il faut se procurer des charrons , des menuisiers , des forgerons et des ajusteurs , il faut des ateliers en bois et des forges outillées.

Les forgerons et les ajusteurs suffisent au matériel en fer.

On peut donc avancer que l'opération des constructions et réparations exigerait aux armées beaucoup moins d'embarras et de temps avec le matériel tout en fer, qu'avec celui en bois et fer.

Nous ferons observer que l'étai en fonte pourrait être , à défaut d'approvisionnement de cette pièce , remplacé par un plateau de bois taillé aux dimensions convenables. L'affût n'en fonctionnerait pas moins bien en route comme dans le tir.

Prétendrait-on enfin comparer les deux systèmes en les supposant sans ressources en approvisionnemens dans des contrées boisées où le fer manquerait totalement ? D'abord on pourrait répondre à une semblable hypothèse , que de telles contrées ne se présentent pas en Europe ni sur les théâtres probables de nos guerres. Mais en admettant la possibilité d'une semblable situation militaire, nous demanderons ce que deviendrait le nouveau système avec ses 508 ferrures , ses essieux en fer , ses attaches en fer pour les deux trains ; dans l'un et l'autre cas il faudrait évidemment recourir à des innovations complètes.

En résumant ces observations , nous pensons pouvoir avancer :

1° Que le matériel en fer s'établirait avec une facilité et une promptitude dont le matériel en bois et en fer ne saurait offrir d'exemple ;

2° Que les remplacemens des parties rompues du matériel en fer s'opéreraient sur place , et que la réorganisation des voitures de ce matériel démontées sur un champ de bataille s'exécuterait avec une facilité qui ne pourrait pas être le partage du système actuel.

Sans contester à l'auteur ses conclusions , que l'expérience peut seule justifier entièrement, nous croyons devoir lui faire observer qu'avec le matériel en bois et fer, il n'est pas aussi difficile qu'il le pense, d'utiliser les débris de voitures. Le travail des parties en bois est beaucoup plus promptement exécuté que celui des parties en fer ; la matière et les outils se trouvent partout ainsi que les ouvriers ; un approvisionnement de charbon n'est pas nécessaire. Dans les guerres de l'empire , où la consommation de matériel était immense, l'artillerie a su pourvoir à tout, avec les seules ressources locales, sans qu'aucune plainte ait jamais été entendue à cet égard. Nous croyons qu'il sera difficile de faire mieux avec le matériel en fer. Il est juste de dire que cet heureux résultat a été dû en partie à l'excellente constitution de nos compagnies d'ouvriers d'artillerie, dont les bons services aux armées ont été parfaitement appréciés à l'étranger et qui seraient plus nécessaires que jamais pour l'entretien d un matériel en fer, en campagne, quoique M. le capitaine Thiéry paraisse penser le contraire.

Voyons comment l'auteur établit la supériorité de résistance de son affût.

Résistance dans le service. — En s'appuyant sur les exemples des machines perfectionnées qui font la gloire de notre époque, on est en droit de condamner l'affût de campagne en fer et en bois comme établi sur de faux principes; et de le considérer comme l'œuvre imparfaite d'une industrie peu avancée.

Cet affût présente en effet un assemblage de matières hétérogènes, douées de propriétés physiques trop dissemblables pour espérer de leurs combinaisons une résistance durable contre les forces vives. Le bois et le fer sont, pour l'élasticité, la dilatation, l'hygrométrie, la compressibilité et l'extensibilité, dans des rapports trop éloignés, pour que de leur assemblage même ne sorte pas une cause de ruine.

Dans l'encastrement des tourillons et de l'essieu, par exemple, comment le bois pourrait-il étayer longtemps, contre la réaction du tir et le cahotage des routes, les sous-bandes en fer? Les parties de ce métal, vingt fois plus résistantes à la flexion, dix fois plus résistantes à la compression que le chêne, seront encore susceptibles de conserver leurs formes premières quand le bois, écrasé, refoulé, en restera détaché. Dès-lors toute la résistance du système se trouve livrée à de frêles pièces en fer dont l'échantillon n'a pas été calculé pour agir isolément.

La même critique peut être adressée à l'assemblage des deux trains. Le bout de crosse et l'anneau-lunette en fer, unis à la flèche en bois, sont exposés aux mêmes efforts contre l'extension, la torsion et la rupture, sans qu'aucune proportion paraisse avoir été établie entre les résistances, d'ailleurs variables, de ces matières sans analogie.

Le bout de crosse se compose d'une pièce en bois, revêtue d'un bout de crosse en fer portant l'anneau-lunette.

La partie en bois a 170 millimèntres d'équarrissage : l'anneau-lunette 40 millimètres de diamètre ; le bout de crosse en fer une épaisseur moyenne de 12 millimètres.

Si , d'après ces données, on calcule la résistance des parties en bois et en fer à l'allongement et à la rupture, ou ne rencontre aucun rapport de force entre ces parties formant système.

Un effort de 1 kil. par millimètre carré de la section transversale , allonge les fibres du fer de $\frac{1}{20,000}$ et celle du bois de $\frac{1}{1,011}$. Pour que les allongemens fussent les mêmes sous les mêmes efforts , il faudrait donc que le bout de crosse en fer ne présentât en section que la vingtième partie de la section de la partie en bois correspondante ; c'est ce qui n'a pas lieu. Dans les tensions provenant du tirage , les bouts de crosse en fer et en bois doivent inévitablement subir des allongemens tellement différens que leur désassemblage ne peut manquer d'en résulter.

La résistance à la rupture de l'anneau-lunette à raison de 35 kilog. par millimètre carré de la section transversale sera représentée par la force de 40,000 kilog. Après quelque temps de service , la flèche en bois sera loin de pouvoir supporter un pareil effort. En adoptant la base généralement admise de 1 kil. par millimètre carré de la section transversale , la résistance de cette flèche serait de 25,000 kil.

La dilation du fer est double de celle du chêne. Sous les ardeurs d'un soleil brûlant , sows les très-basses températures, comment se comporteront les applicages du fer sur le bois qui , de son côté , éprouve , suivant les variations de l'atmosphère , des gonflemens et des retraits auxquels le fer ne participe point.

Les boulons et les pièces en fer encastrés dans le bois y sont soumis à l'action corrosive des acides pyroligneux , à un contact continuel avec un milieu humide qui en consomme en peu de temps la destruction. Tous les assemblages qui reposent sur les boulons sont bientôt détraqués lorsqu'il s'établit , entr'eux et les parties qu'ils assemblent , du jeu , par suite des ravages de l'oxidation.

Les causes qui précipitent la détérioration des pièces en fer encastrées dans les parties en bois, accélèrent aussi la dégradation de ces dernières. On a constamment remarqué que le corps des boulons était rongé par la rouille et leurs encastremens pourris dans l'intérieur , quand les parties extérieures étaient encore en bon état.

L'incompatibilité du fer et du bois pour les engins exposés à des forces vives n'a point échappé aux ingénieurs qui , de nos jours , ont porté si haut les progrès des arts mécaniques. Dans les machines à vapeur et dans les pièces qui transmettent leurs mouvemens, dans les voitures locomotives on ne retrouve plus le bois venant prêter au fer un appui débile et passager. C'est la fonte, c'est l'acier, qui secondent le fer, de leur rigidité et de leur dureté. C'est par le concours des métaux, l'appréciation de leurs propriétés conciliables, que sont enfantées ces machines prodigieuses autant par la durée que par la puissance.

C'est en nous guidant sur ces exemples que nous avons établi nos affûts en fer ; nous l'avons déjà déclaré, les données de l'expérience nous ont manqué pour asseoir positivement les dimensions des parties qui les composent, mais ces données une fois acquises. le fer et la fonte viendront y satisfaire, non-seulement comme dans l'affût en bois, pour un temps donné, mais avec une durée sans terme.

Les affûts en fer offrant beaucoup moins de surface que les affûts en bois, seront par suite bien moins en prise que ces derniers aux boulets ennemis, et, sous le choc de ces boulets, bien moins sujets à être complètement démontés. Que des rais soient enlevés, la roue, par le principe de sa construction, pourra continuer à fonctionner jusqu'à un terme que fixera l'expérience. Nous avons vu avec quelle facilité se remplaceraient les porte-tourillons ; quant aux flasques, nous pensons que le boulet ne les détruirait pas, car ces flasques, maintenus par des boulons à embases, offrent la résistance de la poutre armée, dont l'extrême solidité est bien constatée. Il est vraisemblable que l'atteinte d'un projectile renverserait l'affût, le ferait pirouetter sur ses roues, plutôt qu'il n'en briserait la flèche en fer.

La préservation de l'affût de campagne contre les effets de l'oxidation présente une facilité qui n'a pas besoin d'être développée. Lorsque le matériel ne serait pas confié aux mains des canonniers, une couche de peinture, remise tous les deux ans, suffirait pour sa durée éternelle, même en plein air.

Nous croyons encore à propos d'observer, dans l'intérêt de la vérité, que malgré les calculs intéressans établis par l'auteur sur la différence des propriétés physiques du bois et du fer, différence qui, suivant lui doit réduire à peu de chose la résistance d'un affût composé de pièces de nature aussi dissemblable, il est cependant parfaitement constaté que nos affûts en bois et fer ont résisté aux campagnes les plus longues et les plus pénibles. La force de résistance des pièces en fer est peut-être proportionnellement plus grande que celle des parties en bois; mais qu'importe si une longue expérience a prouvé que les machines résistent à toutes les exigences du service. Il n'est donc pas juste de représenter une combinaison aussi habilement calculé, comme *l'œuvre imparfaite d'une civilisation peu avancée* :

Dans l'examen que fait l'auteur de son affût, considéré sous le rapport des manœuvres, on trouve le passage suivant :

La prolonge servant de chaîne d'enrayage présente à la fois une simplification dans les attirails du matériel, et une garantie pour sa conservation dans les descentes. Si, en effet, la partie enrayée de la chaîne vient à rompre, une autre partie peut venir immédiatement envelopper la roue. Dans les descentes très-longues, très-rapides, rien n'empêche de contenir les roues par un double enrayage, ou même d'enrayer les deux roues.

La prolonge-chaîne d'enrayage a été, sur notre proposition, essayée, en 1832, à l'école de Metz. Elle a résisté aux chocs les plus violens, aux tensions les plus fortes qu'on ait pu lui imprimer avec une pièce de 12 et un attelage de six chevaux vigoureux.

Des prolonges en chanvre neuves, éprouvées comparativement avec la chaîne, ont été rompues, des roues également neuves ont été brisées dans des passages de fossés, sans qu'aucune partie de la chaîne parût ébranlée. De tels résultats, constatés à plusieurs reprises, avaient rendu unanime l'opinion de deux commissions sur la supériorité d'une prolonge en chaîne : nous ignorons les motifs qui ont été opposés à la proposition de son adoption, faite à la suite de ces expériences.

La prolonge en chaîne offre encore l'avantage de pouvoir placer le T de dessous en dessus dans l'anneau lunette. Au moyen de cette disposition, la crosse se trouve soulevée dans les mouvemens à la prolonge, et permet au nouvel affût de manœuvrer de cette manière avec plus de stabilité et moins de frottement que l'affût Gribeauval.

Avec la prolonge en chanvre, le contraire a lieu. Si l'on passe la prolonge dans l'anneau-lunette de dessous en dessus, elle est bientôt coupée par cet anneau. Si on la place de dessus en dessous, la crosse devient fichante, la fatigue des chevaux est extrême, et la prolonge casse.

Cette rupture a d'ailleurs lieu au moindre effort, lorsque la prolonge en chanvre est restée exposée sur la flèche aux intempéries de l'atmosphère :

un mois suffit pour la détériorer au point de ne plus rendre possible la manœuvre à la prolonge.

Dans la chaîne, si une maille cède, on peut réunir les parties rompues au moyen de quelques anneaux en fer doux, tenus, à cet effet, en réserve. Un coup de marteau, le choc même d'une pierre suffit pour fermer l'anneau. L'opération ne dure pas une minute, et la chaîne peut ainsi fonctionner jusqu'à ce qu'on puisse s'arrêter pour souder une autre maille.

La prolonge en chaîne remplaçant la chaîne d'enrayage et la prolonge en chanvre, n'ajouterait aucun poids, aucune dépense dans l'établissement de la voiture.

Les leviers en fer sont terminés par une pince en acier ; ces leviers deviendraient, dans plusieurs circonstances, des instrumens de pionniers utiles, pouvant remplacer, avec avantage, une pioche.

La prolonge en chaîne serait évidemment préférable au cordage en chanvre qui sert encore aujourd'hui à réunir les deux trains, dans les circonstances bien rares où il devient nécessaire de manœuvrer à la prolonge. Il est prouvé, depuis long-temps que ce cordage ne peut résister aux secousses violentes produites par le tirage, pour peu que la crosse soit arrêtée par le moindre buisson. D'ailleurs il est promptement coupé, dans les demi-tours, par l'arête intérieure du cercle des nouvelles roues d'avant-train.

Mais nous ne pensons pas qu'il soit avantageux que la prolonge serve en même temps de chaîne d'enrayage. Il nous semble que l'enrayage, qui doit être fait et défait le plus promptement possible, mérite une disposition de chaîne qui lui soit particulière. En général il est bon de se tenir en garde contre cette disposition, assez naturelle, qui nous porte à faire servir un même objet à plusieurs usages différens. Il en résulte ordinairement que sans remplir bien aucun service, il participe aux inconvéniens de tous.

Nous ne comprenons pas non plus comment en plaçant le T dans la lunette *par-dessus*, au lieu de le placer *par-dessous*, il puisse en résulter un plus grand soulèvement des crosses. Car ce soulèvement est dû à la différence de niveau entre le crochet cheville-ouvrière, qui est le point d'attache de la prolonge à l'avant-train, et l'anneau-lunette, point d'attache de la prolonge à l'affût. Or, cette différence de niveau n'est pas sensiblement changée par l'introduction du T en dessus ou en dessous de la lunette.

Puisque nous en sommes sur le chapitre des manœuvres à la prolonge, nous remarquerons, en passant, que les flasques de l'affût en fer sont tellement rapprochés à l'endroit des crosses, qu'ils laboureront nécessairement le terrain comme le ferait un fer de charrue. Il serait donc nécessaire, pour cette manœuvre, que les crosses fussent plus écartées et qu'elles fussent séparées par l'intermédiaire d'une entretoise. Nous avons aussi remarqué que le poids des crosses est trop considérable, pour que la séparation ou la réunion des deux trains puisse être facilement exécutée.

Quant aux leviers en fer, nous doutons qu'on puisse en faire un grand usage comme outils à pionniers et nous avons peine à croire qu'ils puissent remplacer la pioche avec avantage. Ils ne peuvent servir comme rouleaux, ce qui est un inconvénient réel pour les mouvemens de lourds fardeaux. Au reste, ceci n'est qu'un accessoire de peu d'importance.

Passons aux modifications qui tiennent à l'attelage et laissons d'abord parler M. Thiéry :

La question de l'attelage à limon avec le nouveau système n'est pas regardée, par la plus grande partie des officiers d'artillerie, comme résolue d'une manière satisfaisante ; nous nous sommes efforcés d'atténuer les inconvéniens du mode actuel, en diminuant autant que possible le poids du bout du timon. Nous avons à cet effet tenu la volée courte et rapprochée de l'essieu, et en portant les points d'attache des traits à la hauteur voulue, au moyen de deux palonniers légers en fer ; nous sommes arrivés à obtenir l'équilibre autour de l'essieu, lorsque le coffre plein est chargé de trois hommes.

Les palonniers en fer ont autour du boulon qui les fixe à la volée un mouvement circulaire; mais ils sont toujours maintenus dans le plan du tirage; en sorte que, sans exposer, comme les anciens palonniers en bois, à l'inconvénient de l'empiétrement, ils ont l'avantage de faire toujours tirer les chevaux perpendiculairement à leurs traits, condition favorable non-seulement pour le tirage, mais aussi pour éviter les blessures du collier.

Les palonniers ont des avantages et des inconvéniens que nous n'avons point l'intention de discuter ici. Dans l'attelage trait sur trait adopté maintenant par l'artillerie, en France et en Angleterre, l'intermédiaire du palonnier n'a plus aucun avantage qui puisse compenser ses inconvéniens. L'adoption d'une volée en fer a dû naturellement reproduire à l'usage du palonnier, parce que cette volée doit être courte pour n'être pas faussée par le tirage, mais le palonnier en fer proposé ne nous paraît pas remplir les conditions voulues. D'abord il ne peut avoir de mouvemens que dans le sens parallèle au terrain; il y aura donc lieu de craindre qu'il ne soit faussé, toutes les fois que les chevaux agiront sur un plan plus ou moins élevé que celui sur lequel reposent les roues. De plus, dans les tournans, le palonnier vient s'appuyer contre la roue du côté du mouvement et enrayer cette roue avec toute la force due au tirage des chevaux. C'est là un inconvénient d'autant plus grave qu'il se reproduira dans tous les demi-tours et par conséquent dans la manœuvre si importante de la mise en batterie. Il sera facile sans doute de changer cette disposition vicieuse, mais peut-être ne pourra-t-on le faire qu'en augmentant les chances de l'empiétrement.

M. Thiéry ne paraît pas considérer la question de l'attelage à limon comme résolue d'une manière définitive, et à cet égard nous partageons entièrement son opinion. Il a fait de louables efforts pour diminuer le poids du timon, persuadé sans doute que ce poids est la principale cause des blessures que l'on remarque au poitrail et sur le garot des chevaux de derrière, après quelques journées de marche consécutives. Le poids du timon a sans doute une influence marquée sur les blessures produites par le collier, mais l'expérience prouve que ses oscillations continuelles y ont aussi une très-grande part. Il était donc important de soustraire le collier à l'effet de ces oscillations dans les nouveaux attelages. Or, on a fait tout le contraire ; on a choisi précisément le collier, dont la destination spéciale est de servir de point d'appui au tirage, pour y suspendre le timon.

Plusieurs moyens plus ou moins ingénieux ont été essayés pour résoudre le problème intéressant de la suspension du timon. On avait remarqué particulièrement le moyen proposé à l'École de Vincennes par M. le capitaine Mazé (1). Ce moyen de support, indépendant du collier, avait réuni l'assentiment de plusieurs écoles d'artillerie. Les procès-verbaux journaliers de la commission définitive de 1827 prouvent qu'il a conservé, pendant tout le cours des épreuves, une supériorité décidée sur le support qu'on lui a préféré. Peut-être sera-t-on forcé d'y revenir.

Il faut convenir que si l'on a apporté tous les soins possibles à l'amélioration des affûts et voitures du nouveau matériel d'artillerie, on ne s'est pas suffisamment occupé de la partie si importante de l'attelage ; cette précipitation peut être facilement expliquée. Les expériences duraient depuis deux ans dans les écoles, on était pressé d'en finir ; la coalition toujours menaçante des vieilles idées et des anciens préjugés faisait craindre pour l'adoption du nouveau système, malgré sa supériorité reconnue sur l'ancien. En conséquence, on a

---

(1) Actuellement professeur d'artillerie à l'école d'application du corps royal d'état-major.

brusqué le dénouement. Aujourd'hui que les mêmes motifs n'existent plus, il serait à propos d'étudier de nouveau la question des attelages ; car la grande épreuve de 1827 prouve évidemment que le moyen de supporter le timon, actuellement en usage, amènerait une immense consommation de chevaux dans une guerre un peu sérieuse. Que serait-ce donc si l'on avait voyagé avec les coffres vides ! On sait que dans ce cas tous les chevaux de timon sont cruellement blessés après quelques jours de marche.

Affût de place et de côte.

L'Angleterre a déja adopté un affût de place et côte entièrement en fonte (planche 2.) Cette puissance qui s'appuye sur une grande quantité de forteresses maritimes , qui produit le fer à très-bas prix, et qui depuis longtemps a substitué avec bonheur le fer au bois dans la plupart de ses constructions , devait être naturellement la première à reconnaître l'avantage qu'il y aurait à supprimer l'emploi du bois dans les affûts de côte. En effet c'est particulièrement dans le service des batteries de côte que l'assemblage du bois et du fer occasione la prompte destruction des affûts. L'air de la mer, imprégné de parties salines , oxide le fer avec une prodigieuse rapidité, et la nature hygrométrique du bois conservant et distillant l'humidité sur les boulons en fer qui assurent les assemblages , entraîne à de nombreuses et fréquentes réparations.

Mais l'affût adopté par les Anglais, convenable tout au plus pour les batteries de côte ou les affûts n'ont besoin que de la mobilité nécessaire pour le tir , ne saurait convenir à la défense des places qui exige le transport facile et continuel des affûts d'un point à un autre. C'est ce qu'a parfaitement compris M. Thiéry qui s'exprime ainsi à ce sujet :

Le système d'affût de place et côte des Anglais ne réunit pas, au même degré que le nôtre, les propriétés désirables dans un semblable matériel. L'affût marin n'est doué d'aucune mobilité pour faciliter l'armement des places, et son châssis élevé, pesant, est difficile à mouvoir dans le tir comme dans les autres circonstances du service.

Comme application du fer, le matériel exclusivement en fonte des Anglais ne nous paraît pas non plus pouvoir être judicieusement imité. La fonte, cassante de sa nature, se présente dans l'affût et dans le châssis sous des formes grêles que l'atteinte du boulet ferait aisément voler en éclats. Une semblable artillerie serait, bien plus promptement encore que celle en bois, démontée par le ricochet, et le feu de l'assiégeant deviendrait aussi plus redoutable pour les défenseurs.

Ajoutons qu'un matériel en fonte présente pour les réparations des difficultés qui pourraient compromettre le service de l'artillerie dans un siège. Toute pièce en fonte brisée est une pièce perdue ; une fois les rechanges épuisés, il n'est pas possible d'en construire d'autres sur les lieux. Pour obtenir des objets en fonte moulée, il faut un fourneau, des approvisionnemens considérables en combustibles, des ateliers de moulerie, tout l'attirail enfin d'une fonderie, que l'on ne possède pas dans une place assiégée.

Ces inconvéniens, si bien exposés, ont-ils entièrement disparu dans le nouvel affût proposé, c'est ce que nous examinerons plus tard. Commençons d'abord par en donner la description (planche 3.)

Cet affût se compose, 1° de deux montans C, entaillés de manière à recevoir les porte-tourillons et l'essieu ; 2° de deux entretoises en fonte G et H assemblant et maintenant l'écartement des montans ; 3° de deux arcs-boutans A, en fer forgé, recourbés en crosse à leur partie inférieure et terminés à l'autre extrémité par des porte-tourillons ; 4° de deux tirans B, en fer forgé, terminés à leur partie antérieure par des étriers d'essieu ; 5° d'un essieu et de deux roues en fer ; 6° D'une entretoise de crosse en fonte K, portant l'écrou de pointage ; 7° de 4 longs boulons de montans M, assemblant les montans avec les arcs-boutans, les tirans, et l'essieu ; 8° de trois boulons P, assemblant les montans et leurs entretoises ; 9° de deux boulons O, réunissant les arcs-boutans à l'entretoise de crosse ; 10° d'un boulon Q, traversant la crosse, portant à l'arrière l'anneau-lunette et à l'avant un anneau de manœuvre.

Les pièces qui composent le grand châssis sont : 1° deux côtés a formés avec des plateaux de fer de 0^m,05 d'épaisseur. 0^m,24 de largeur maximum et 2^m, de longueur ; la face supérieure des côtés reçoit une courbure propre à contenir le recul dans les limites qui lui sont assignées ; 2° quatre entretoises b ; 3° Une directrice d, formée au moyen d'une barre de fer plat ployée par le milieu et assemblée par six étais en fonte ; 4° deux arrètoirs, c abaissés par l'affût dans son recul, se relèvent d'eux-mêmes après son passage et l'arrètent ensuite à la distance convenable pour le chargement ; 5° deux roulettes e, dont les chappes f sont fixées à l'entretoise de derrière du châssis ; 6° une traverse de chappe g.

Deux fusées d'essieu h peuvent être adaptées à la partie postérieure du châssis et fixées au moyen de clavettes. Cette disposition a pour objet de faciliter le transport du châssis.

Le petit châssis est composé d'un cylindre en fonte p, dont la partie supérieure forme un plateau circulaire portant la cheville ouvrière. Ce cylindre est percé à la base de quatre trous, pour qu'il puisse être fixé à la croix en bois enterrée qui lui servira de point d'appui.

La plate-forme sera composé de la croix en bois et de deux morceaux de fonte circulaire pour le mouvement des roulettes. Cette espèce de chemin de fer sera fixé sur des madriers par des clous.

Nous regrettons que M. Thiéry ait laissé subsister dans son affût plusieurs parties principales entièrement en fonte, particulièrement les deux montans ; il nous semble que, d'après les motifs si bien appréciés précédemment par l'auteur lui-même, l'affût de place ne devrait avoir aucune partie en fonte exposée aux coups du ricochet. Quant à la facilité de construction il y aurait beaucoup à dire, nous observerons seulement que la forme de plusieurs pièces, entr'autres celle des côtes du châssis, n'est pas réglée de manière à réduire la main-d'œuvre au minimum, et nous répéterons ici ce que nous avons dit relativement à l'affût de campagne, que malgré la simplicité prétendue des réparations, il y a erreur à croire qu'elles puissent être effectuées sans ouvriers.

En établissant la comparaison entre le matériel en fer et le matériel en bois, on trouve que le poids total de l'affût complet avec châssis est dans le premier cas d'environ 2,400 k. et de 1,500 k. seulement dans le second. On ne peut pas se dissimuler que cette grande augmentation de poids, qui porte particulièrement sur le corps de l'affût et sur le grand châssis, ne soit un défaut capital dans le système proposé. Vainement dira-t-on que cette augmentation de poids ajoute à la stabilité dans le tir. Cette stabilité est très-bien garantie par les poids actuels, tandis que la facilité d'armement et de désarmement des batteries dans les places, se trouve fortement compromise par l'emploi d'un affût de poids presque double et d'un grand châssis pesant 800 kil. L'opération de démonter l'affût pour en transporter les différentes parties sur les points d'un abord difficile et le remonter ensuite, nous semble d'une application à-peu-près impossible dans la défense. C'est sans doute une heureuse idée d'avoir donné les moyens de se servir de roues pour faciliter le transport du châssis, mais cela ne remédie pas à tous les inconvéniens qui naîtront dans le service de l'excès de poids du système projeté. Nous ne pensons pas comme l'auteur que la légèreté soit un avantage secondaire pour le service des places. L'expérience a prouvé, au contraire, que dans la défense des places l'on ne peut

éviter la prompte destruction du matériel que par de fré-
quens changemens de position ; ce qui nécessite l'adoption
d'un matériel très - mobile et aussi léger que possible, eu
égard aux autres conditions à remplir.

Considéré sous le rapport de l'économie, l'affût en fer de
place et côte ne se présente pas non plus à son avantage. Il
coûterait avec les châssis, environ 2400 fr. et l'affût en bois,
1,200 fr. seulement. M. Thiéry pense qu'après la réforme de
ce dernier affût pour vétusté, rupture, ou changement de
système, les 620 kil. de fer, qui entrent dans sa construction, ne représenteraient guères qu'une valeur de 130 fr. ;
tandis que dans les mêmes circonstances, le matériel en fer
aurait encore une valeur brute, de plus de 800 fr. Tout en admettant ces deux assertions, l'avantage resterait encore à
l'affût en bois, puisque dans le premier cas il y aurait seulement perte de 1,100 fr. et dans le deuxième, perte de
1,600 fr. par affût. D'un autre côté si la durée de l'affût en
fer est presque éternelle, comparée à celle de l'affût en bois,
l'économie de première mise suffit pour établir la compen-
sation, et permet de renouveler aussi indéfiniment le matériel en bois, avec l'intérêt provenant de la différence du
prix de revient. Il n'y aurait donc pas économie réelle à
adopter l'affût en fer proposé.

Nous n'en sommes pas moins convaincus que le fer
est le véritable élément à employer dans la construction
des affûts de place. Nous avons lieu de croire que l'auteur
faute de données suffisantes, et pour n'avoir pas été mis à
même de faire quelques expériences préparatoires indispensables, n'a pas pu arriver à donner aux différentes parties
de son matériel, la forme et les dimensions les plus convenables : qu'en craignant de rester au-dessous, il s'est tenu
au-dessus des dimensions *minima* pour certaines parties,

et que c'est à ces différentes causes qu'il faut attribuer les imperfections que l'on a eu l'occasion de signaler dans le matériel proposé. Au reste il est difficile, si l'on ne possède pas des connaissances suffisantes sur les meilleurs moyens d'assemblage et de résistance, de construire un affût qui satisfasse parfaitement toutes les conditions exigées dans le service. Il ne faudrait donc pas trop s'étonner de voir l'affût nouveau succomber dans les épreuves. Nul doute qu'une étude plus approfondie, réunie à des épreuves dirigées avec intelligence, ne conduise bientôt à une meilleure solution du problème. M. Thiéry n'en conservera pas moins l'honneur d'être entré le premier en lice et d'avoir par son exemple facilité la route à des essais plus heureux.

Nous observerons ici que les batteries de place se trouvent dans des circonstances toutes autres que celles de côte. Le service des premières semble exiger dans les affûts des conditions particulières que ne réclame pas la défense des côtes. Il paraîtrait donc convenable d'avoir un affût différent pour chacun de ces services. Alors on pourrait sans inconvénient employer la fonte pour les affûts de côte, peu exposés aux ricochets ; mais il faudrait faire usage du fer forgé exclusivement dans les constructions des affûts de place.

Bouches à feu en fer.

La question de l'emploi du fer dans la fabrication des bouches à feu est pendante depuis un grand nombre de siècles. Ce n'est qu'après une multitude d'essais infructueux, et pour ainsi dire de guerre lasse, que l'on a définitivement adopté le bronze. On connaît depuis longtems les inconvéniens qui résultent de l'emploi de ce dernier métal. Un immense capital improductif est consacré à maintenir au complet le nombre des pièces nécessaires à la défense de l'état, et malheureusement la durée de ces pièces dans le service de guerre est bien loin de répondre à lè grandeur des sacrifices que l'on est forcé de s'imposer.

Les pièces de campagne paraissent satisfaire en général aux conditions de leur service ; mais il n'en est pas de même des pièces de gros calibre employées dans la défense, et surtout dans l'attaque des places. La destruction de ces pièces marche alors avec une effrayante rapidité lorsqu'on fait usage des fortes charges. L'inégale durée des bouches à feu en bronze, provenant de la même coulée et ayant subi les mêmes épreuves, est aussi un sujet continuel de méditations. Tous les travaux exécutés dans le but d'améliorer les produits des fonderies de canons en bronze ont été jusqu'ici sans résultats, et semblent prouver que ce métal ne réunit pas, à un degré suffisant les qualités nécessaires; on ne doit donc le considérer réellement que comme un pis-aller.

Le fer forgé, remplissant les conditions de tenacité voulues, a dû naturellement appeler l'attention. La dificulté de fabrications n'a pas arrêté certains fabricans. Il paraît qu'en effet cet obstacle serait susceptible d'être surmonté, et qu'il l'a été même, à plusieurs reprises, ainsi que le prouvent les bouches à feu en fer forgé qui existent encore aujourd'hui et dont quelques-unes remontent à des époques fort reculées. D'ailleurs, le travail du fer a fait de grands progrès dans ces derniers temps ; nous avons tout lieu de croire que si l'on assurait une prime et une commande à celui qui présenterait un canon en fer forgé suffisamment résistant, on trouverait promptement un entrepreneur à des prix raisonnables. Mais la condition de résistance à l'explosion de la poudre, n'est pas la seule à remplir. Il faut, en outre, que les parois intérieures des canons soient de nature à résister à la pression et aux battemens du boulet. Or, plusieurs expériences semblent prouver que le logement de boulet se forme souvent, dans les âmes en fer forgé, assez promptement pour laisser quelques doutes sur les grands avantages que plusieurs auteurs ont attribués à ce genre de bouche à feu.

La fonte de fer remplit toutes les conditions de dureté que l'on peut désirer ; mais jusqu'à présent on n'a pas encore trouvé le moyen de travailler cette fonte, de manière à obtenir des pièces présentant les garanties nécessaires contre les chances de rupture inopinées produites par l'explosion de la poudre. L'Angleterre et la Suède sont arrivées aujoudh'ui à employer la fonte dans la fabrication des bouches à feu avec une grande perfection. On obtient, dans ces deux pays des pièces en fonte qui résistent aux plus fortes épreuves. Cependant elles éclatent après un nombre de coups plus ou moins considérable , *sans qu'aucun indice ait pu prévenir les servans de la pièce du danger qui les menace.* Tantqu'on n'aura pas trouvé moyen de rendre moins meurtrière pour les servans cette espèce de mine à laquelle ils sont condamnés à mettre le feu, et dont l'explosion serait pour eux d'un effet si terrible, on ne doit pas s'attendre à voir les pièces en fer devenir d'un usage général dans les armées, malgré les avantages qui en résulteraient sous le rapport de l'économie et même dans le service de guerre.

Ces avantages, empruntés à un excellent mémoire récemment présenté au ministre de la guerre, sur diverses parties du service de l'artillerie britannique, ont été résumés par M. Thiéry, en ces termes :

Les canons en fonte présentent, en première ligne, l'avantage d'une très-grande économie. En Angleterre et en Suède, où la fonte s'obtient à bon compte, le prix d'une pièce de 24 de ce métal ne revient qu'à la dixième partie de la dépense d'un canon de même calibre en bronze. Un canon fini, éprouvé, coûte, rendu à l'arsenal de Woolwich, 14 livres sterling la tonne, environ 45 francs le quintal métrique ; la même bouche à feu ne revient au gouvernement suédois qu'à 31 francs le quintal métrique.

Les canons anglais sont tous de seconde fusion : en Suède , ils sont généralement de première fusion.

Les fonderies de la marine française estiment à 50 francs le quintal métrique les bouches à feu qu'elles fabriquent; il est vraisemblable qu'entreprises, comme en Angleterre et en Suède , par l'industrie particulière, elles ne reviendraient pas à moins de 70 francs.

Les canons en fonte, outre une économie considérable dans les frais d'établissement, offrent encore, sur les canons en bronze l'avantage d'une résistance infiniment plus grande contre les battemens des projectiles. S'il faut en croire les rapports des Anglais, leurs canons en fonte soutiendraient, sans être endommagés, un tir de quatre à cinq cents coups en vingt-quatre heures , et plusieurs de ces bouches à feu auraient conservé leur âme en bon état, après plus de trois mille coups.

On sait que les canons de 24 atteignent rarement la limite de cinq cents coups sans être hors de service , et qu'on ne saurait sans consommer promptement leur destruction les soumettre à un tir dont la rapidité excéderait cent coups en vingt-quatre heures.

On conçoit tout le parti que l'attaque et la défense des places pourraient tirer d'une artillerie multipliant ses coups avec une rapidité extrême. Les siéges des Anglais dans les guerres de la Péninsule présentent, à cet égard, des exemples qui méritent d'être étudiés, et dont nous citerons quelques traits dans l'intérêt de la question que nous examinons.

Le premier siége de Badajoz, en 1811 , ayant été entrepris par l'armée anglaise avec quarante bouches à feu portugaises en bronze , toutes ces pièces furent promptement mises hors de service , quoiqu'on ne les tirât qu'à la charge du tiers du poids du boulet, et que le tir fût modéré à raison d'un coup par huit minutes.

Le siège fut manqué. Les Anglais attribuèrent la facile dégradation des bouches à feu en bronze à la force de leur poudre de guerre, et se résolurent à ne plus composer leurs parcs de siége qu'avec des canons en fonte tirés d'Angleterre.

Ce fut avec cette artillerie en fonte qu'ils attaquèrent, en janvier suivant, (1812) Ciudad-Rodrigo. Ils établirent leurs batteries à 500 mètres d'une partie de l'escarpe, vue de cette distance, et tirèrent sans relâche jusqu'à ce qu'ils eussent ouvert deux brèches praticables : ils y réussirent en trente-deux heures et demie de feu, et emportèrent la place d'assaut après un siége de cinq jours.

Aucune bouche à feu n'éclata ni ne fut endommagée , quoiqu'elles eussent tiré chacune un grand nombre de coups consécutifs.

Le siége de Badajoz fut ensuite repris ; on procéda de la même manière Les batteries de brèche furent établies à 650 mètres : le nombre des bouches à feu mises en action consistait en seize pièces de 24 , vingt-quatre de 18 et six obusiers de cinq pouces et demi ; en tout quarante-six. L'attaque commença le 30 mars, et le 6 avril, trois brèches étaient praticables : l'une , sur la courtine, avait 40 pieds de largeur ; celle sur le flanc , 90 pieds la troisième , sur la face du bastion, 150 pieds. Le nombre d'heures de tir fut de 124 et le nombre des projectiles lancés monta à 35,346.

Dans ce siège comme dans le précédent , aucune pièce ne fit explosion ni ne fut mise hors de service , quoique celles de 24 eussent tiré 1,2469 coups chacune, à boulet roulant.

Le siége de Saint-Sébastien , en 1813 , offre un troisième exemple de l'extrême résistance des canons en fonte anglais. Les batteries de brèche, établies à 600 mètres de la place ouvrirent dans l'escarpe qu'elles battaient une brèche de 100 pieds de largeur qui fut rendue praticable après le troisième jour de l'ouverture du feu ; ces batteries se composaient de trente-quatre bouches à feu , dont vingt pièces de 24.

Les mêmes canons , employés le lendemain pour faire une seconde brèche, l'ouvrirent sur une étendue de 30 pieds en quinze heures et demie de feu.

Chaque canon tira , pendant ces quinze heures et demie , de trois cents à trois cents cinquante coups, sans être dégradé. Pour produire le même effet avec des pièces en bronze, il aurait fallu, en suivant les règles ordinaires du tir, trois fois plus de canons.

Dans ce siége, qui fut repris à deux fois, plusieurs canons supportèrent au-delà de trois mille coups à boulet roulant, sans être endommagés dans l'âme. Leur tir était encore si juste à la dernière attaque qu'on les employe à lancer, pardessus les colonnes assaillantes, des boulets creux dits shrapnells pour écarter les assiégés qui garnissaient le haut de la brèche. C'est un des projectiles qui mit le feu à un amas d'obus et bombes placé sur le rempart, et dont l'explosion causa, par le désordre qui s'ensuivit , la chûte de la place.

Après avoir jeté un coup-d'œil rapide sur l'art de fabriquer les canons en fonte dans les deux pays, où le travail du fer paraît le plus perfectionné, l'Angleterre et la Suède , M. le capitaine Thiéry entre dans les motifs qui l'ont déterminé à adopter l'espèce de fonte, ainsi que les procédés de fondage et de fabrication, qui lui semblent devoir conduire aux meilleurs résultats.

Il pense que la fonte la plus convenable pour la fabrication des canons, est celle qui sera douée de la plus grande élasticité : que, par conséquent, *la fonte grise*, à grain fin et serré, doit être préférée à la fonte dure, dite *truitée*, employée dans les fonderies de la marine : que les canons de la marine, étant éprouvés avec des charges de poudre et un nombre de boulets qu'on augmente successivement jusqu'à rupture, il était naturel de choisir, pour résister à ces épreuves, la fonte dure et rigide qui a la plus grande *résistance absolue*, et non celle qui a la plus grande *résistance d'élasticité*. M. Thiéry attribue encore à un autre motif la préférence accordée à la fonte *truité clair*. Suivant lui, le canon coulé plein se réfroidissant lentement, il en résulte que la fonte se décarbonise de la circonférence vers le centre ; en sorte que le procédé de fondage actuel a dû conduire aussi à employer les fontes les moins chargées de charbon, pour éviter de produire des canons à âme poreuse.

Il est possible que ces motifs n'aient pas été sans influence sur la préférence accordée à la fonte *quasi blanche* dans la fabrication des bouches à feu. Cependant, cette dernière fonte est considérée dans tous les pays comme la plus avantageuse au but que l'on se propose. Dans un mémoire du plus grand intérêt, inséré dans le *journal des Sciences militaires*, M. Moritz Meyer, capitaine d'artillerie au service de Prusse, qui a traité cette question en homme d'expérience et de talent, affirme que la fonte qui donne les meilleures bouches à feu en Suède, est celle qui, étant réfroidie en petits morceaux, présente un grain très-fin et une couleur d'un *gris-clair* ; il regarde comme bien prouvé, qu'en général une *fonte grise ne donne aucune bouche à feu de bonne qualité*. Cette assertion semble de nature à jeter quelques doutes sur la justesse des raisonnemens, d'ailleurs fort ingénieux, par lesquels M. Thiéry s'est laissé convaincre des avantages de la fonte grise.

Quant au coulage à noyau et à syphon, adopté par M. Thiéry, il a eté souvent essayé et toujours abandonné ; il a donc de fortes présomptions contre lui. Il est difficile de croire, en effet, qu'il soit possible de l'appliquer au fondage des pièces de gros calibres. L'objection relative à la décarbonisation, due au réfroidissement lent des pièces coulées à noyau plein, peut s'appliquer à la fonte grise, mais nullement à la fonte *quasi blanche*, que l'on emploie partout pour la fabrication des bouches à feu. Il paraît que dans le dernier cas, le réfroidissement lent produit, au contraire, d'excellens résultats, et que plus le moule est chaud plus la fonte acquiert d'élasticité. Les Anglais attachent une telle importance au réfroidissement lent, qu'on y laisse les canons à bombes, qui ont beaucoup d'épaisseur, jusqu'à huit jours dans les fosses.

Si l'emploi de la fonte grise donne lieu à une décarbonasition par le réfroidissement lent, cela doit provenir du peu de liaison qui existe entre les mollécules hétérogènes de cette espèce de fonte. Le coulage à noyau rendra peut être moins sensible ce défaut d'affinité entre les mollécules ; mais il est difficile de croire qu'il soit suffisant pour donner à cet espèce d'amalgame, l'excessive tenacité qu'exige le tir des bouches à feu.

Après s'être occupé du choix de la fonte et de la meilleure manière de couler les bouches à feu, M. Thiéry, pour atténuer le danger des explosions, propose l'essai d'un canon en fonte avec enveloppe en fer forgé. Il pense que le

ronze ne convient pas pour enveloppe , et que les cercles
n fer forgé ne seraient pas d'un meilleur usage. Au reste
ous allons laisser l'auteur exposer lui-même son système.

En employant pour enveloppe le fer forgé, au lieu du bronze, les
ances de réussite sont tout autres, non seulement parce que le fer
rgé a une ténacité double de celle du bronze, mais parce que le frettage
a fer forgé, peut être opéré mécaniquement , de manière à consolider
en plus le système qu'en faisant adhérer les métaux seulement par l'opé-
tion de la fusion.

Le moyen qui s'offre naturellement le premier, pour fretter un canon de
nte en fer forgé serait de le recouvrir d'une série de cercles superposés
chaud , les uns à côté des autres , et qui adhéreraient ainsi à cette bou-
e à feu de toute la force du retrait , force qui peut devenir excessive en
ortant à un très-haut degré la température du cercle en fer forgé. Mais,
'une part , ce procédé ne permettrait pas de revêtir le canon dans l'inter-
alle des tourillons, et de l'autre n'assurerait pas complètement contre
s dangers des éclats , même dans les parties frettées.

L'examen d'un grand nombre de débris de pièces en fonte, rompues
aus les épreuves de la fonderie royale de Nevers, nous a convaincu que
s pièces pouvaient faire explosion dans toute l'étendue de leur âme ,
 qu'une série de cercles juxta-posés que rien ne relierait entre eux ne
résenterait que des gages incomplets de sécurité dans le tir.

La plus grande partie des pièces éclate à l'emplacement de la charge :
ans ce cas, la rupture a lieu généralement suivant deux ou trois plans
assant par la lumière , formant avec l'axe un angle rapproché de l'angle
roit. Les éclats se composent alors de la culasse , projetée en arrière, à
roite ou à gauche, suivant l'inclinaison des plans de rupture , et de quel-
ues fragmens du premier renfort lancés latéralement.

Dans cette circonstance il est évident que des cercles juxta-posés seraient
'un effet peu préservateur ; la culasse, arrachée du corps du canon, n'en
rait pas moins lancée en arrière; et les cercles, détachés par suite de cette
iolente rupture, ajouteraient vraisemblablement au nombre des éclats.

Quoique les ruptures aient généralement lieu à l'emplacement de la
harge, il n'est cependant pas sans exemple de les voir s'opérer sur toute
utre partie de l'âme. L'inflammation successive de la poudre, portant l'ex-
losion la plus forte de la charge en avant du fond de l'âme; l'adhérence
es projectiles aux parois de l'âme , adhérence qui peut provenir de la
éformation de ces projectiles ou de la présence d'un corps étranger ;
nfin des défauts de fabrication , sont des causes qui expliquent suffisam-
nent la possibilité de ces ruptures.

D'après ces faits, ils nous a paru que pour qu'une enveloppe en fer forgé pût remplir efficacement le but qu'on se propose principalement celui de devenir préservatrice des éclats, il fallait qu'elle régnât dans toute la longueur des bouches à feu, qu'elle y fût parfaitement adhérente, e ne formât elle-même qu'un seul et même corps dont toutes les parties de vinssent solidaires de la résistance.

En conséquence, nous avons imaginé de composer notre enveloppe en fer forgé, d'abord d'une armature de barres longitudinales ayant la longueu du canon, et espacées entre elles de 20 cent. environ. C'est dans cette ar mature que nous avons coulé le tronc de cône en fonte, dans lequel l'âme a été forée.

En élevant préalablement la température de l'armature en fer forgé, et au moyen de quelques dispositions d'exécution très-simples, l'opération du coulage de la fonte dans les barres longitudinales en fer forgé, s'est opérée sans aucune difficulté. Le tronc de cône, en fer et fonte, qui en est résulté n'a présenté aucune soufflure ; les barres, soutenues par quelques cercles en fer forgé, ont été immergées dans la fonte ; les parties fusibles, contenues dans ces barres, se sont alliées à la fonte, et la soudure s'est intimement opérée entre toutes les parties constituant cette base du canon en fer et fonte.

Les barres en fer se sont aciérées à leur surface, mais ont conservé leur nerf dans l'intérieur. La fonte comprimée dans le fer forgé s'est solidifiée en grains fins, serrés, homogènes, présentant l'aspect des cylindres durs coulés en coquille. Nous pensons que sa résistance s'en est accrue.

C'est sur ce tronc de cône en fonte et fer que nous avons opéré le frettage par des cercles superposés au rouge soudant. Des entailles, pratiquées à différentes distances dans les barres longitudinales et dans la fonte, ont assuré l'ensemble du système.

Le cercle portant les tourillons a été composé de deux parties, dans chacune desquelles on a préalablement enlevé les tourillons. Cette pièce a été exécutée à une forge ordinaire sans présenter de grandes difficultés. On a tourné les tourillons avant de poser le cercle. Dans une fabrication en grand, l'anneau porte-tourillons ne nécessiterait point un travail dispendieux. On ne peut le considérer comme un obstacle à la confection d'une enveloppe complète en fer forgé.

Le cercle des tourillons posé, on a continué le frettage de la volée, en ayant soin de relier toujours les cercles aux barres longitudinales par des entailles.

Nous regrettons que M. Thiery, par la crainte de ne pas réussir dans un premier essai, ait fait choix du calibre de 8 ;

ar, ainsi qu'il en fait lui-même l'observation, ce sont surtout les gros calibres qu'il importe d'améliorer, Or, la réussite du canon de 8 ne prouverait rien relativement aux calibres de siège. Ceux-ci sont soumis à l'action de fortes charges dont les effets sur les pièces ne peuvent souffrir aucune comparaison avec ceux produits sur les petits calibres. Par exemple, la pièce des tourillons ne nous inspire pas la même confiance qu'à l'auteur, particulièrement pour les forts calibres. D'anciennes expériences ont été entièrement défavorables au système des tourillons qui ne font pas tout-à-fait corps avec la pièce. La rupture de la pièce des tourillons serait un accident grave, bien long et bien difficile à réparer. Nous ne pouvons considérer, comme M. Thiéry, nos tourillons actuels comme la partie la plus frêle de nos canons; car, à l'exception de quelques mortiers, nous ne croyons pas que beaucoup de bouches à feu; aient refusé le service pour cause de dégradation des tourillons. Il serait, d'ailleurs, inutile de nous étendre ici sur les avantages ou les inconvéniens de la nouvelle pièce proposée, puisqu'elle doit être, en ce moment même, l'objet d'épreuves plus concluantes que les meilleurs raisonnemens.

Ponts militaires.

Pendant son séjour à l'usine de Fourchambault, M. le capitaine Thiéry reçut de M. Emile Martin, directeur de l'usine, l'un de nos plus habiles industriels, des renseignemens précieux sur l'emploi des poutres armées dans la construction des ponts.

La poutre armée peut être composée de deux barres de fer liées d'une manière invariable par des appuis intermédiaires, et laissant entre elles un espace vide. Une chaîne remplace ordinairement la barre inférieure. La flèche, à donner à cette chaîne de suspension, doit être à-peu-près le quinzième de la longueur de la poutre armée. On voit que dans ce système les pressions verticales, qui tendent à faire fléchir la poutre, se décomposent en pressions exercées aux deux extrémités de la tige de support.

M. Thiéry pense qu'il serait possible de tirer parti de cette idée ingénieuse dans plusieurs circonstances du service de guerre. Suivant lui, ces poutres pourraient être facilement transportées à la suite des armées, et servir au besoin à établir un pont pour franchir les arches rompues, les ravins escarpés, les rivières torrentueuses. Voici, dans ce cas, les dispositions qu'il propose de prendre (planche 4).

1° L'adoption du bois et du fer, de manière à concilier le plus possible les conditions de légèreté, de solidité et d'économie.

2° Les poutrelles $d\,d\,d$ portant le tablier, seraient composées de pièces en bois de o mètre 20 centimètres d'équarrissage sur 5 mètres de longueur; ces poutrelles viendraient s'assembler dans les boîtes en tôle $e\,e\,e$.

Ces boîtes en tôle seraient calées à moitié sur une poutrelle; le vide restant recevrait la poutrelle contiguë, qui y serait arrêtée au moyen d'un support c et de chevilles la traversant de part en part.

3° Les tiges de support $c\,c\,c$ seraient en fer rond de 40 millimètres de diamètre : ces tiges de support porteraient une embase à leur partie supérieure, et leur extrémité inférieure serait terminée en T, de manière à s'encastrer dans les anneaux $a\,a\,a$ de la chaîne de suspension.

Ces tiges de suspension seraient prolongées au-dessus de leurs embases de manière à traverser les poutrelles; quelques-unes de ces tiges $g\,g\,g$, plus longues que les autres, traverseraient le plancher et les poutrelles $f\,f$, placées sur les madriers $e\,e\,e$, pour les maintenir.

Les tiges $g\,g\,g$ serreraient ainsi fortement les madriers entre les deux poutrelles $f\,f\,f$ et $d\,d\,d$, de manière à les lier ensemble d'une manière invariable.

4° La chaîne de suspension se composerait de barreaux $b\,b\,b$ et d'anneaux $a\,a\,a$, que relieraient les tiges de suspension $c\,c\,c$ et des boulons.

5° Les chaînes de suspension seraient fixées aux extrémités de la poutre armée par des armatures en fer embrassant l'extrémité des poutres.

La portée des poutres armées, pouvant s'étendre de 40 à 50 mètres, elles pourraient sans doute être employées avantageusement comme support pour les ponts jetés sur les fossés des places fortes. Il nous semble que c'est en effet là leur meilleure application militaire.

Quant à leur emploi dans les équipages de ponts, il ne pourrait présenter d'avantage réel que par la possibilité de les avoir d'une grande longueur. Or, cette longueur qui, suivant M. Thiéry, pourrait être portée à 20, 30 et jusqu'à 50 mètres, ne permettrait pas de les transporter à la suite des armées, à cause de la difficulté de tourner dans les villages et dans les routes encaissées. Les poutrelles, dont on se sert maintenant pour supporter le tablier, bien qu'elles n'aient que 8 mètres de longueur, sont quelquefois très-embarrassantes. Quant à la facilité de démonter et de remonter les poutres, pour le transport et pour le service, nous ne la croyons plus aussi grande dans la pratique qu'on veut bien le dire. Pour les ponts de bateaux, l'emploi des pourelles en bois, qui sont toujours prêtes à être mises en œuvre, paraît jusqu'à présent mériter la préférence.

M. Thiéry, poursuivant son idée sur les applications du fer au service de l'artillerie, recommande l'emploi des chemins de fer pour faciliter le service des places dans les siéges. Il suffirait d'avoir quelques centaines de mètres courans de chemins mobiles, qu'on placerait suivant les besoins partout où il serait nécessaire. Nul doute qu'une semblable mesure ne fût très-utile dans la défense. On pourrait alors, en fatiguant et exposant un moins grand nombre d'hommes, exécuter facilement tous les mouvemens de matériel et d'approvisionnemens de toute espèce dans l'intérieur des places. On sait en effet que sur un chemin de fer, l'effort nécesaire pour le mouvement n'est plus que le douzième au plus de celui qu'il faudrait employer sur un chemin ordinaire.

La tâche que nous nous étions imposée est maintenant achevée. Nous n'avons pas épargné les citations , parce que nous avons voulu mettre les lecteurs en position de bien juger par eux-mêmes le travail intéressant de M. le capitaine Thiéry. Nous les engageons néanmoins à recourir à l'ouvrage de l'auteur qui ne se recommande pas moins par le mérite du style que par celui des idées. Ils y trouveront une grande quantité de notes intéressantes, qu'ils liront certainement avec le plus grand intérêt.

Le bienveillance avec laquelle a été accueillie , par tous les militaires , la publication dont nous rendons compte, déterminera peut-être nos sommités militaires à donner connaissance aux officiers d'une foule de mémoires et de rapports du plus grand intérêt, tenus secrets depuis des siècles , et ensevelis dans la poussière des archives des comités. Ce sont surtout les matériaux qui concernent les questions à l'ordre du jour, qu'il serait important de mettre à la portée de tous les officiers. Jusqu'à présent l'officier studieux, qui veut se tenir au courant des améliorations successives, introduites dans les différentes parties du service de son arme, n'a rencontré partout qu'obstacles et mauvaise volonté. Mais par une singulière contradiction aussitôt qu'un officier étranger se présente muni de quelque puissante recommandation, les ordres les plus précis sont donnés pour tout mettre à sa disposition. Seul il a le droit de pénétrer dans les parties les plus cachés de nos établissemens militaires. Tous les renseignemens qu'il demande lui sont donnés avec la plus aimable libéralité. Témoigne t-il le moindre désir d'avoir en sa possession quelques prescriptions ministérielles relatives aux constructions, aussitôt le ministre courtois met à sa disposition tous les dessins et tables de construction , et même

rtaines publications très-rares que l'on refuse à plusieurs
e nos établissemens militaires les plus importans. Aussi ap-
renons-nous souvent par les publications étrangères, le résultat de nos expériences et des travaux de nos officiers. Est-ce
donc dans l'intérêt de l'état que l'on établit cette étonnante
distinction entre les étrangers et les nationaux! Si l'on voulait
en donner la peine, il serait facile de donner les raisons
d'une semblable différence et de pénétrer les motifs réels
d'une opposition qui cherche vainement à se cacher sous le
manteau spécieux de la raison d'état. Nous pensons qu'un
pareil système d'obscurantisme, tout-à-fait en désaccord
avec nos habitudes actuelles, ne peut être de longue durée, et
nous désirons vivement voir triompher dans les travaux
militaires, comme dans tous les autres, le principe de la
publicité qui fait aujourd'hui la base de notre droit public.

FIN.

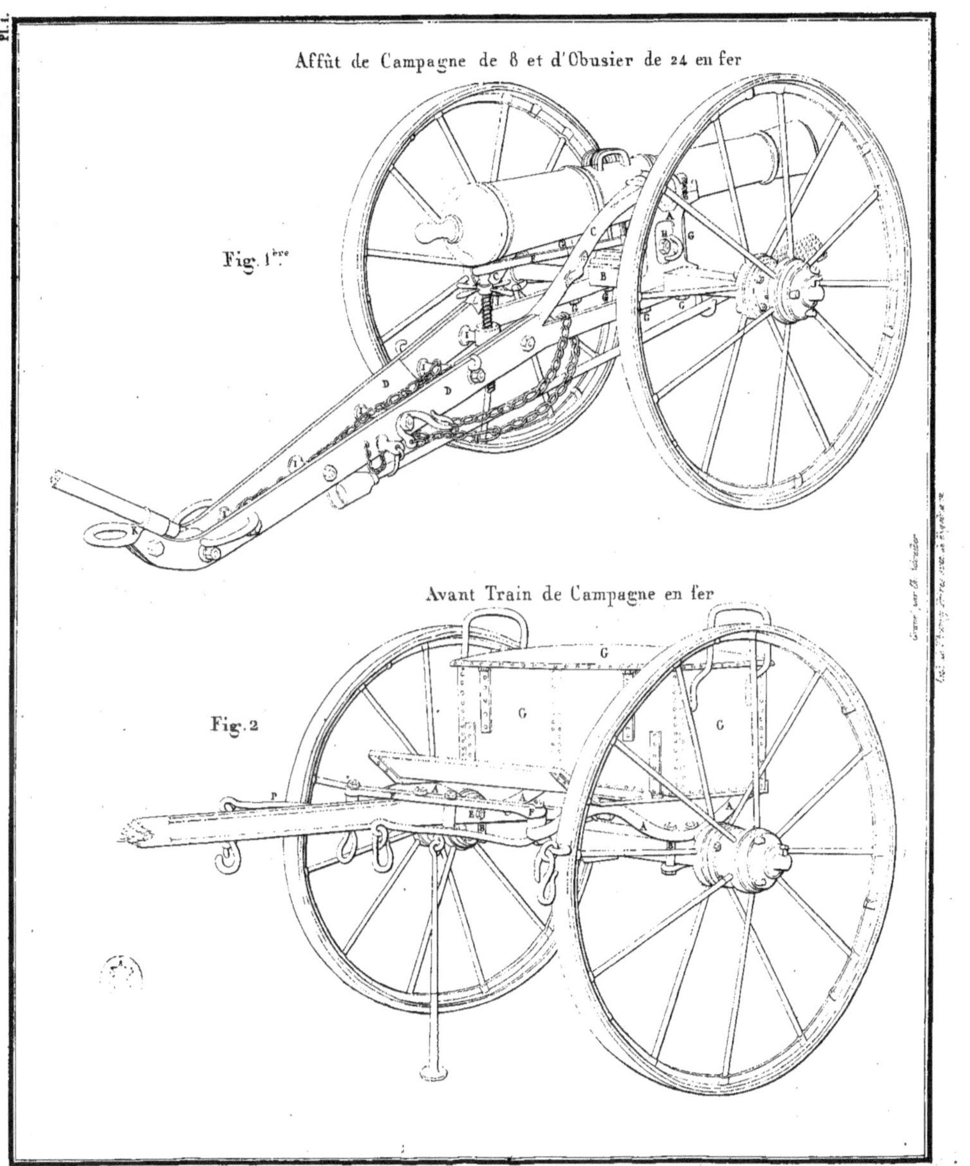

Affût de Campagne de 8 et d'Obusier de 24 en fer
Fig. 1bre
Avant Train de Campagne en fer
Fig. 2

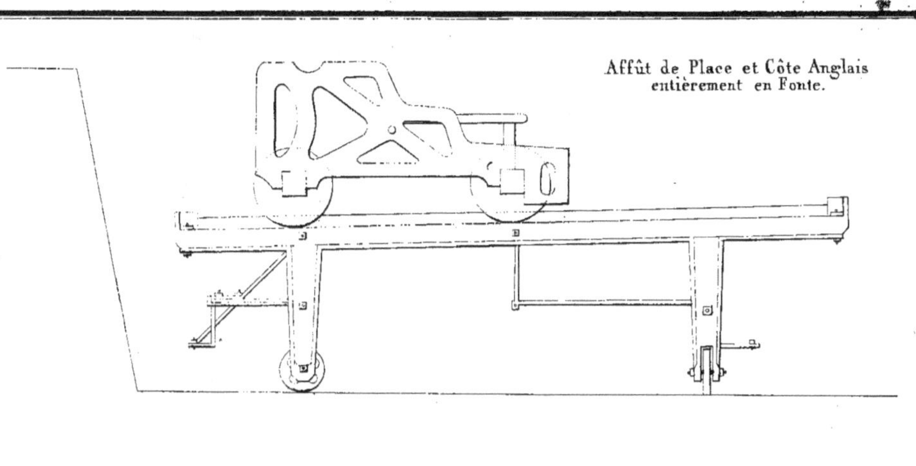

Plan du Chassis en Fonte

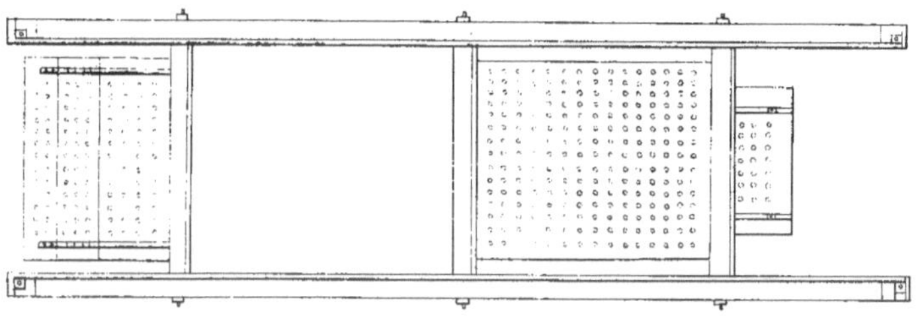

Elévation de derrière   Plan de l'Affût.   Elévation de devant.

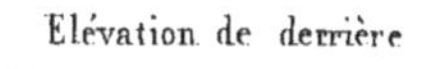

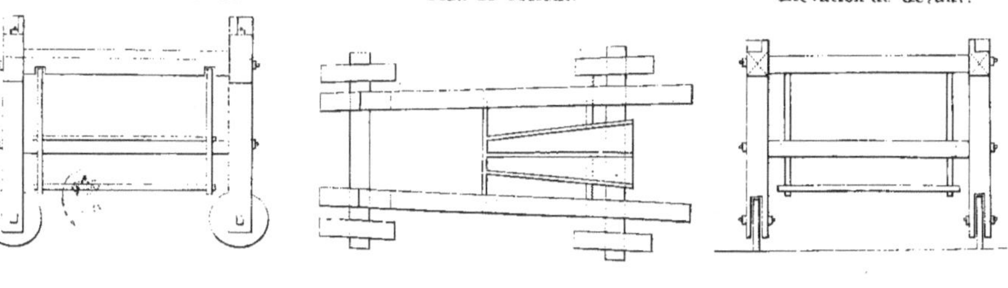

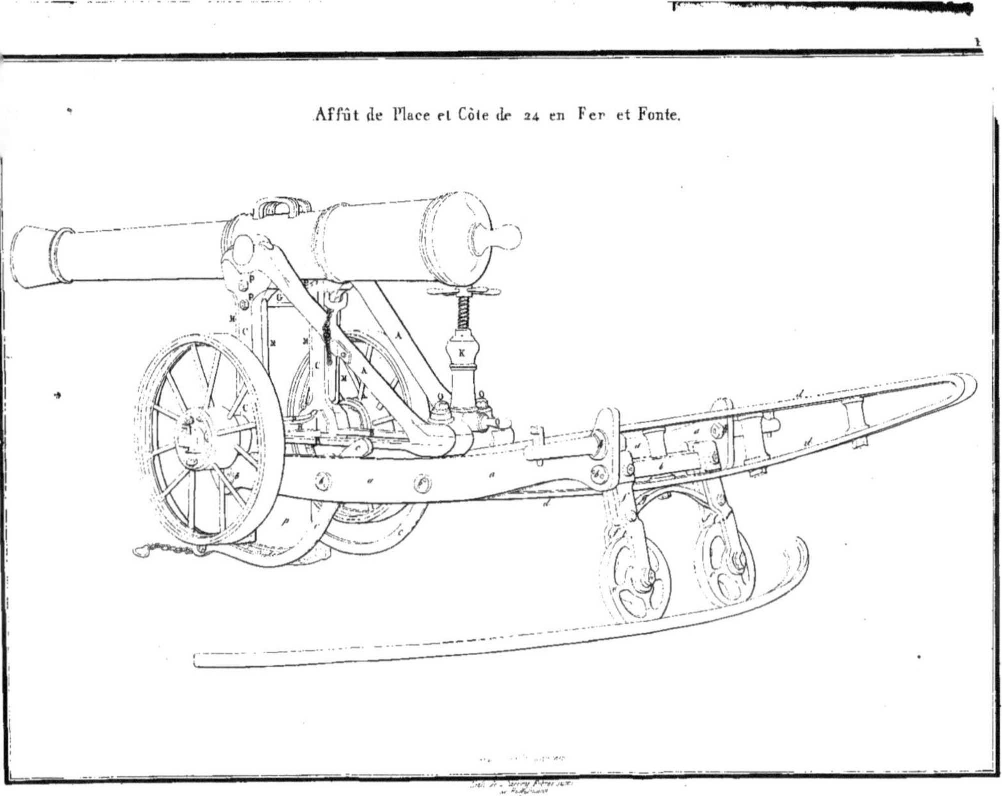

Affût de Place et Côte de 24 en Fer et Fonte.

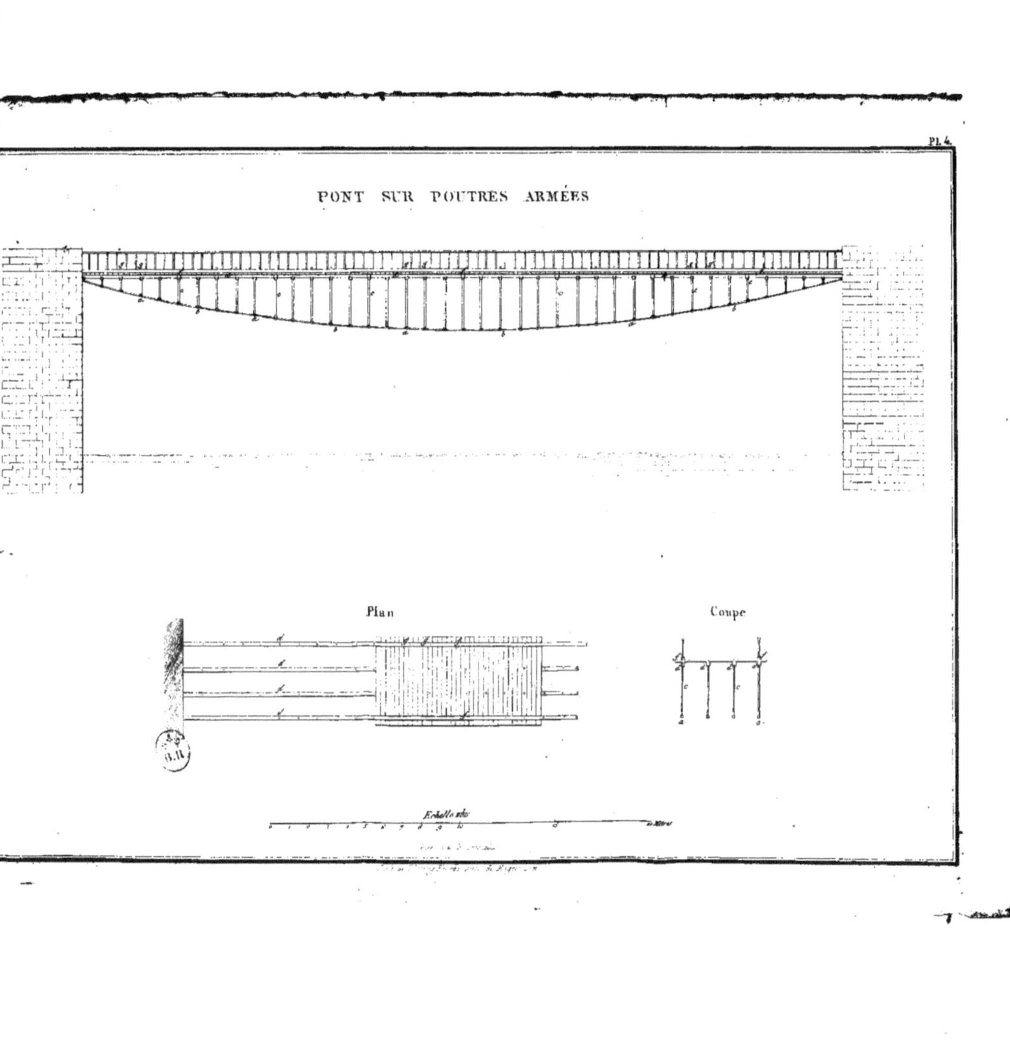
PONT SUR POUTRES ARMÉES
Plan
Coupe
Échelle